RECUEIL

DES PORTRAITS

DES HOMMES ILLUSTRES,

Dont il eſt fait mention dans l'Hiſtoire de France,
commencée par MM. VELLY & VILLARET,
& continuée par M. l'Abbé GARNIER.

TOME V,

CONTENANT la ſuite du Regne de Louis XIV,
& un Supplément pour différens Regnes.

A PARIS,

Chez NYON l'aîné, Libraire, rue du Jardinet, quartier
Saint-André-des-Arcs.

M. DCC. LXXXI.

E T A T des Portraits contenus dans le cinquiéme Volume.

SUITE DU REGNE DE LOUIS XIV.

1 Louis de Bourbon, Comte de Vermandois.
2 Françoise d'Aubigné, Marquise de Maintenon.
3 Marie - Angélique de Scoraille, Duchesse de Fontanges.
4 Nicolas Berghem.
5 François de la Chaise.
6 François - Eudes de Mezeray.
7 Paul Scaron.
8 René Pucelle.
9 Jean - Louis de Fromentieres.
10 Anne de la Vigne.
11 Louis Boucherat.
12 Louis Maimbourg.
13 Victor-Amédée, II du nom, Duc de Savoye.
14 Louis Berryer.
15 Jean Claude.
16 Esprit Fléchier.
17 Claude Mellan.
18 Philippe Quinault.
19 Nicolas Catinat.
20 Claude Fleury.
21 François de Salignac de la Mothe Fénélon.
22 Jean Soanen.
23 Charles le Brun.
24 Henri Verscure.
25 Henri, Duc d'Harcourt.
26 Louis-Hector, Duc de Villars.
27 François de Savoye, Prince Eugene.
28 Louis-Alexandre de Bourbon, Comte de Touloufe.
29 Pierre Dubofcq.
30 Gilles Menage.
31 Louis-Joseph, Duc de Vendôme.
32 Marie - Magdeleine Pioche de la Fayette.
33 Antoinette du Ligier de la Garde Deshoulieres.
34 Martin Desjardins.
35 Philippe Goibaud Dubois.
36 Louis-Antoine de Noailles, Cardinal.
37 Pierre Puget.
38 Jean de la Fontaine.
39 Pierre Mignard.
40 Pierre Nicole.

Supplément pour différens Regnes.

41 Théodoric I, Comte de Hollande.
42 Théodoric II, Comte de Hollande.
43 Arnould, Comte de Hollande.
44 Théodoric III, Comte de Hollande.
45 Théodoric IV, Comte de Hollande.
46 Florent I, Comte de Hollande.
47 Théodoric V, Comte de Hollande.
48 Gertrude.
49 Robert-le-Frifon, Régent.
50 Godefroy de Lorraine, Usurpateur.
51 Florent II, Comte de Hollande.
52 Théodoric VI, Comte de Hollande.
53 Florent III, Comte de Hollande.
54 Théodoric VII, Comte de Hollande.
55 Ada, Comtesse de Hollande.
56 Guillaume I, Comte de Hollande.
57 Florent IV, Comte de Hollande.
58 Guillaume II, Comte de Hollande.
59 Florent V, Comte de Hollande.
60 Jean I, Comte de Hollande.
61 Jean II, Comte de Hainaut.

62 Guillaume III, Comte de Hollande.
63 Guillaume IV, Comte de Hol-
    lande.
64 Marguerite de Brabant, Comtesse
    de Hollande.
65 Guillaume V, Comte de Hollande.
66 Albert de Baviere, Comte de
    Hollande.
67 Jean de Baviere, Usurpateur de
    Hollande.
68 Guillaume VI, Comte de Hol-
    lande.
69 Jacqueline, Comtesse de Hollande.
70 Philippe I, *dit* le Bon, Duc de
    Bourgogne, dans son habit
    militaire.
71 Charles I le Hardi, Duc de Bour-
    gogne, Comte de Hollande,
    dans son habit militaire.
72 Marie de Bourgogne, Comtesse
    de Hollande.
73 Philippe II, Archiduc d'Autriche.
74 Aert Vander-Goes, Avocat de
    Hollande.
75 Didier Erasme.
76 Duel judiciaire entre Jarnac, &c.
77 Viglius de Zuichem.
78 Charles de Lorraine, Cardinal
    de Guise.
79 Charles de Cossé, Maréchal de
    Brissac.

80 Charles II, Comte de Hollande,
    ou Charles-Quint, Empereur
    & Roi d'Espagne.
81 Guillaume I de Nassau, Prince
    d'Orange.
82 Maximilien, Tuteur de Hollande.
83 Robert Dudley.
84 Adrien Vander-Goes.
85 Paul Buis.
86 Philippe de Marnix.
87 Louis Boisot.
88 Plan du Siége de Leide.
89 Jean Vander-Does.
90 Maurice de Nassau.
91 Guillaume-Louis, Comte de
    Nassau.
92 Philippe IV, Comte de Hollande,
    ou Philippe III, Roi d'Espa-
    gne.
93 Barneveldt, *ou* Jean Olden Bar-
    neveldt.
94 Corneille Aersens.
95 Philippe V, Comte de Hollande,
    ou Philippe IV, Roi d'Espa-
    gne.
96 Frédéric-Henri de Nassau, Prince
    d'Orange.
97 Adrien Pauw.
98 Guillaume II, Comte de Nassau.
99 Jean-Maurice, Comte de Nassau.
100 Henri, Duc de Montmorenci.

LOUIS DE BOURBON.
Comte de Vermandois, Amiral de Fr.ce
Né a S.t Germain en Laye le 2. 8.bre 1667.
Mort a Courtray le 18. 9.bre 1683.

LOUIS DE BOURBON,

COMTE DE VERMANDOIS,

AMIRAL DE FRANCE,

Né le 2 Octobre 1667, de Louis XIV, & de Louise-Françoise de la Baume-le-Blanc, depuis Duchesse de la Valiere; légitimé en Février 1669; Amiral en 1669; mort le 18 Novembre 1683.

Tome V. A

MAINTENON, (FRANÇOISE D'AUBIGNÉ, MARQUISE DE)

Petite-fille de Théodore-Agrippa d'Aubigné, fille de Conftant d'Aubigné, & de Jeanne de Cardillac, fille de Pierre de Cardillac, Seigneur de la Lane;

Née le 27 Novembre 1635; morte le 15 Avril 1719.

Mignard Pinx.
H. Lepicié Sculp.
FRANÇOISE D'AUBIGNE
Marquise de Maintenon
Née à Niort le 27.9.bre 1635. Morte à St. Cyr le 15.
Avril. 1719.

MARIE ANGELIQUE.
De Scorraille de Rousille.
Duchesse de Fontanges.
Decedée le 28. Juin 1681. Agée de 21 Ans.

FONTANGES,

(MARIE-ANGÉLIQUE DE SCORAILLE DE ROUSSILLE, DUCHESSE DE)

Née en 1660, de Jean-Rigaud de Scoraille, Comte de Rouſſille, & d'Aimée-Léonore de Plas; Ducheſſe en 1679; morte le 28 Juin 1681.

A ij

BERGHEM, (NICOLAS)

PEINTRE,

Né en 1624; mort en 1683.

NICOLAS BERGHEM,
Peintre, Né à Harlem en 1624.
Mort en 1683. Tiré du Cabinet de Mr. le Cte. de Tessin

FRANÇOIS DE LA CHAIZE.
De la Compagnie de Jesus, Confesseur du Roi,
Né au Château d'Aix en Forest, le 25 Aoust 1624.
Mort-le 20. Janvier. 1709.

CHAISE, (FRANÇOIS DE LA)

JÉSUITE,

CONFESSEUR DE LOUIS XIV,

Né le 25 Août 1624, de Georges de la Chaise, Seigneur d'Aix, & de Renée de Rochefort; Confesseur de Louis XIV en 1675; mort le 20 Janvier 1709.

MÉZERAY,

(FRANÇOIS EUDES DE)

Né en 1610, d'Isaac Eudes, Chirurgien en Normandie, & de Marthe Corbin; Historiographe de France; mort le 10 Juillet 1683.

FRANC. EUDES MEZERAY
Historiog. de France, de l'Acad.ᵉ Françoise.
Né à Ry, près Falaise en 1610. mort à Paris le 10 Juil. 1683.

PAUL SCARRON

Mort à Paris, le 14. Octobre, 1660.

SCARRON, (PAUL)

Fils de Paul Scarron, Conseiller au Parlement;

Né en 1610; marié à Françoise d'Aubigné, si connue depuis, sous le nom de Madame de Maintenon; mort le 14 Octobre 1660.

PUCELLE, (RENÉ)

CONSEILLER AU PARLEMENT

DE PARIS,

Né le premier Février 1655, de Claude Pucelle, Avocat, & de Françoise Catinat, sœur du Maréchal; Conseiller au Parlement le 10 Avril 1684; mort le 7 Janvier 1745.

RENE PUCELLE
Con.er au Parlement Ab. de Corbigny
Né le 1er Fevrier 1655.

M.re JEAN LOUIS DE FROMENTIERES EV.ET
SEIG.r D'AIRE
Mort a 52. ans l'an 1684.

FROMENTIERES,

(JEAN-LOUIS DE)

ÉVÊQUE D'AIRE,

PRÉDICATEUR CÉLEBRE,

Mort en 1684.

Tome V.   B

VIGNE, (ANNE DE LA)

CONNUE PAR SES POÉSIES,

Fille de Michel de la Vigne, Médecin à Vernon ; morte à la fleur de son âge en 1684.

ANNE DE LA VIGNE

Née à Vernon, Morte à Paris en 1684.

LOUIS BOUCHERAT,
Né en 1616, Chancelier de France et Garde des Sceaux en 1685, Mort le 2 Septembre 1699.

BOUCHERAT, (LOUIS)

Né en 1616; Chancelier de France, & Garde
des Sceaux en 1685; mort le 2 Septembre 1699.

B ij

MAIMBOURG, (LOUIS)

JÉSUITE,

Né en 1610, d'Erard Maimbourg; entré chez les Jésuites le 2 Mai 1626; mort le 13 Août 1686.

LOUIS MAIMBOURG,
Jesuite.
Né à Nanci en 1610. Mort à Paris le 13 août 1686.

VICTOR-AMEDEE.
2.e du nom, Duc de Savoye, Prince de Piemont,
Roy de Sardaigne, &c.
Mort le 31.e 8.bre 1732. agé de 66. Ans.

VICTOR-AMÉDÉE,
SECOND DU NOM,
DUC DE SAVOYE,

Depuis Roi de Sicile, & enfuite de Sardaigne, ayeul maternel de Louis XV, Roi de France;

Né le 14 Mai 1666, de Charles-Emmanuel II, Duc de Savoye, & de Marie-Jeanne-Baptifte de Savoye-Nemours, fa feconde femme; fuccéda à fon pere en 1675; époufa le 10 Avril 1684, Anne-Marie d'Orléans, fille puînée de Philippe de France, Duc d'Orléans, & frere unique de Louis XIV; Roi de Sicile le 24 Décembre 1713, qu'il changea pour la Couronne de Sardaigne par le traité du mois d'Août 1718; abdiqua & remit en plein Confeil le 3 Septembre 1730, tous fes Etats à fon fils Charles-Emmanuel-Victor; mort le 31 Octobre 1732.

BERRYER, (LOUIS)

SECRÉTAIRE D'ÉTAT,

ET DIRECTEUR DES FINANCES,

Mort en Septembre 1686.

LOUIS BERRIER.

Secretaire du Conseil et Direction des Finances.

Laurent Pinx.
P. Dupin Sculp.
JEAN CLAUDE MINISTRE DE CHARENTON
Né à la Sauvetat en Guyenne l'An 1619. Decedé à
la Haye en Hollande le 13 janvier 1687.
Tiré du Cabinet de Mr. Claude son petit Fils.

CLAUDE, (JEAN)

MINISTRE PROTESTANT,

Né en 1619; Miniſtre en 1645; mort le 13 Janvier 1687.

FLECHIER, (ESPRIT)

ÉVÊQUE DE NISMES,

Né le premier Juin 1632 ; Evêque de Lavaur en 1685 ; & Evêque de Nismes en 1687 ; mort le 16 Février 1710.

H. Rigaud Pinx.
C. F. Martin Lepicié Sc.
ESPRIT FLECHIER
Evêq. de Nimes, de l'Acad. Franç.se
Né à Pernes prés de Carpentras, le 1.er Juin 1632.
Mort à Nimes le 16. Février. 1710.

CLAUDE MELLAN
Peintre et Graveur.
Né à Abbeville, mort à Paris le 9. 7.bre 1688. Agé de 94 ans

MELLAN, (CLAUDE)

PEINTRE ET GRAVEUR,

Né en 1601; mort le 9 Septembre 1688.

QUINAULT, (PHILIPPE)

AUDITEUR DE LA CHAMBRE DES COMPTES,

AUTEUR DRAMATIQUE,

Né vers l'an 1635; mort le 26 Novembre 1688.

D. Sornique.
Sculpsit.
PHILIPPE QUINAULT
de l'Acad. Françoise
Mort à Paris le 26 Novembre 1688. Agé de 53 ans.

NICOLAS DE CATINAT
Marechal de France,
Né à Paris, le 1er Septembre 1637. Mort à sa Terre
de St Gratien le 25 Fevrier 1712.

CATINAT, (NICOLAS)

MARÉCHAL DE FRANCE,

Né le premier Septembre 1637, de Pierre Catinat, Conseiller au Parlement, & de Françoise Poisle, d'une ancienne famille de la Robe; Major Général de l'Infanterie de Flandre en 1676; Brigadier en 1677; Lieutenant Général, & enfin Maréchal de France le 27 Mars 1693; mort le 25 Février 1712.

C ij

FLEURY, (CLAUDE)

PRIEUR D'ARGENTEUIL,

Né le 6 Décembre 1640, d'un Avocat au Confeil; Précepteur des Princes de Conti en 1672, & du Prince de Vermandois en 1680; fous-Précepteur des Ducs de Bourgogne, d'Anjou & de Berry en 1689; Prieur d'Argenteuil en 1707; Confeffeur de Louis XV en 1717; mort le 14 Juillet 1723.

CLAUDE FLEURY
Pr.r d'Argenteuil, Confes.r du Roi, de l'Acad.e Fr.se
Né à Paris, le 6. xbre 1640. Mort le 14. Juillet 1723.

J. Vivien pinxit
P. Drevet Sculp.
FRANCOIS DE SALIGNAC
OU SALAGNAC DE LA MOTHE
Archevesque Duc De Cambray

FENELON, (FRANÇOIS DE SALIGNAC DE LA MOTHE)

ARCHEVÊQUE DE CAMBRAY,

Né le 6 Août 1651; Précepteur des Ducs de Bourgogne, d'Anjou & de Berry en 1689; Archevêque de Cambray en 1695; mort le 7 Janvier 1715.

SOANEN, (JEAN)

Fils de Mathieu Soanen, Procureur au Préfidial de Riom en Auvergne, & de Gilberte Sirmond ;

Né le 9 Janvier 1647 ; entré dans la Congrégation de l'Oratoire en 1661 ; Évêque de Senés en 1689 ; mort le 25 Décembre 1740.

JEAN SOANEN
Evêque de Senez.
Né le 9. Janvier 1647. Mort à la Chaise-Dieu
en Auvergne le 25. Décembre 1740.

N. de Largilliere pinxit.
P. Dupin Sculp.
CHARLES LE BRUN
Premiere Peintre du Roy, naquit
a Paris en 1618 et mourut le 12
Janvier 1690 âgé de 72 ans.

LEBRUN, (CHARLES)

PEINTRE,

Né en 1618; premier Peintre du Roi en 1662; mort le 12 Janvier 1690.

VERSCURE, (HENRI)

PEINTRE,

Né en 1627; mort le 26 Avril 1690.

Se Ipsum Pinx.
B. Lepicié Sculp.
HENRY VERSCURE
Peintre.
Né à Gorcum en 1627. Mort près de Dort le 26.
Avril 1690.

HENRI DE HARCOURT
Duc et Pair, Maréchal
de France
Né le 2 Avril 1654. Mort le 19 Octobre 1718.

HARCOURT, (HENRI, DUC D')

MARÉCHAL DE FRANCE,

CAPITAINE DES GARDES DU CORPS,

Né le 2 Avril 1654, de François III du nom, Marquis de Beuvron, Lieutenant Général de la haute Normandie, & de Catherine le Tellier, fille unique de Nicolas, Seigneur de Tourneville; Aide de Camp en 1674; Colonel d'un Régiment d'Infanterie en 1677; Brigadier en 1683; Maréchal de Camp en 1688; Lieutenant Général en 1690; Ambaſſadeur extraordinaire en Eſpagne en 1697; Maréchal de France en 1703; mort le 19 Octobre 1718.

Tome V. D

VILLARS,

(LOUIS-HECTOR, DUC DE)

MARÉCHAL DE FRANCE,

Né en Mai 1653, de Pierre, Marquis de Villars, & de Marie Gigault de Bellefonds; Lieutenant Général en 1693; Ambaſſadeur extraordinaire auprès de l'Empereur; Maréchal de France le 20 Octobre 1702; honoré du titre de Duc le 20 Janvier 1705; Maréchal Général des Camps & Armées du Roi le 25 Octobre 1733; mort le 17 Juin 1734.

Hte Rigaud Pinx.
C. F. Schmidt Sculp.
LOUIS HECTOR DUC DE VILLARS
Marechal Gen.al des Camps et Armées
du Roi.
Baptisé à Mouline, le 21. Mai 1653 mort à Turin le 17 Juin 1734.

Wanculpen pinxit.
C. Rou. Sculp.
EUGENE-FRANÇOIS PRINCE
DE SAVOYE,
Generalissime des Armées de l'Empereur
Né le 18. Octobre 1663.

EUGENE, (LE PRINCE)

FRANÇOIS DE SAVOYE,

COMTE DE SOISSONS,

GÉNÉRALISSIME DES ARMÉES DE L'EMPEREUR

ET DE L'EMPIRE,

Né le 18 Octobre 1663, d'Eugene Maurice, Comte de Soiſſons, Colonel Général des Suiſſes, & d'Olimpia Mancini, niece du Cardinal Mazarin; connu d'abord ſous le nom d'Abbé de Carignan; Volontaire dans l'Armée de l'Empereur contre les Turcs; pourvu enſuite d'un Régiment de Dragons; il obtint en 1697, le commandement de l'Armée Impériale; mort le 27 Avril 1736.

D ij

LOUIS-ALEXANDRE DE BOURBON,

Légitimé *DE FRANCE,*

COMTE DE TOULOUSE,

AMIRAL,

Fils naturel de Louis XIV, & de Françoise-Athenais de Rochechouart-Mortemar, Marquise de Montespan;

Né le 6 Juin 1678; légitimé en Novembre 1681; Amiral en Novembre 1683; mort le premier Décembre 1737.

LOUIS ALEX. DE BOURBON
Comte de Toulouse
Né le 6 Juin 1678. Mort le 1.er Déc 1737. Âgé de 60 ans.

P. DU BOSC MINISTRE A CAEN
Né à Bayeux, en 1623. Mort à Rotterdam, en 1692.
Tiré du Cabinet de Madame le Gendre, sa fille.

DUBOSC, (PIERRE)

MINISTRE A CAEN,

Fils de Guillaume Dubosc, Avocat au Parlement de Rouen ;

Né le 21 Février 1623 ; Miniſtre à vingt-trois ans ; mort le 2 Janvier 1692.

MENAGE, (GILLES)

AVOCAT,

Né à Angers le 15 Août 1613, mort le 23 Juillet 1692.

GILLES MENAGE
Né à Angers, le 15 Août 1613. Mort à Paris, le 23
Juillet 1692.

P. Dupin Sculpsit
LOUIS JOSEPH DUC DE
VENDOME
Né à Paris le premier Juillet 1654 Generalissi.
des Armées des deux couronnes Mort le onze Juin
1712. dans le Bourg de Vinaros en Espagne.

BnF
ARS

LOUIS-JOSEPH,

DUC DE VENDÔME,

GÉNÉRAL DES GALERES,

Arriere-petit-fils de Henri IV, fils de Louis, Duc de Vendôme, qui fut depuis Cardinal, & de Laure Mancini, l'une des nieces du Cardinal Mazarin ;

Né le premier Juillet 1654 ; Général de l'Armée en Catalogne en 1695 ; Généraliſſime des Armées de France & d'Eſpagne en 1702 ; mort le 11 Juin 1712.

FAYETTE,

(MARIE-MAGDELEINE PIOCHE DE LA VERGNE, COMTESSE DE LA)

Fille d'Aymar de la Vergne, Gouverneur du Hâvre-de-Grace, & Maréchal de Camp; mariée en 1655, à François, Comte de la Fayette; morte en Mai 1693.

MARIE MAGD. PIOCHE DE LAVERGNE,
Comtesse de la Fayette,
Morte à Paris en Mai 1693.

ANTOINETTE DE LA GARDE
V.e de G.me de la Fon de Boisguerin, Seig.r
des Houlieres.
Morte à Paris, le 17 Fev.r 1694, âgée de 56 ans.

DESHOULIERES,

(MADAME ANTOINETTE DU LIGIER DE LA GARDE)

Née en 1638 ; mariée à Guillaume de la Fond de Boifguerin, Seigneur Deshoulieres, Gouverneur de Loudun ; morte le 17 Février 1694.

DESJARDINS, (MARTIN)

SCULPTEUR,

Né en 1639; mort le 2 Mai 1694.

MARTIN DESJARDINS

Sculpteur du Roy

Né à Breda, Mort à Paris le 2 May 1694 âgé de 54 ans
Auteur de la P.ce des Victoires et Fig. Equestre de Lion.

Vanri Pinx.
Vermeulen Sculp.
PHILIPPE GOIBAULT
S.r Du Bois, de l'Académie Fr.se
Décédé le I.er Juillet 1694.

BnF
Ars

DUBOIS, (PHILIPPE GOIBAUD)

Né en 1626; mort le premier Juillet 1694.

NOAILLES,

(LOUIS-ANTOINE DE)

CARDINAL,

ARCHEVÊQUE DE PARIS,

Fils d'Anne, Duc de Noailles, Pair de France, & de Louife Boyer, Dame d'Atour de la Reine d'Autriche ;

Né le 27 Mai 1651 ; Evêque de Cahors en Mars 1679 ; transféré à l'Evêché de Châlons-fur-Marne le 22 Juin 1680 ; Archevêque de Paris le 19 Août 1695 ; Cardinal le 21 Juin 1700 ; mort le 4 Mai 1729.

LOUIS ANTOINE
CARDINAL DE NOAILLES
Arch. de Paris.
Né le 27. Mai 1651. Mort le 4. Mai 1729.

Peint par son Fils
Ch. Dupuis Sculp.
PIERRE PUGET
Sculpteur, Peintre, et Architecte,
Né à Marseille en 1623. Mort en 1695.

PUGET, (PIERRE)
SCULPTEUR,
PEINTRE ET ARCHITECTE,

Né en 1623; mort en 1695.

FONTAINE,

(JEAN DE LA)

Né le 8 Juillet 1621, de Jean de la Fontaine, Maître des Eaux & Forêts, & de Françoise Pidoux; mort le 13 Mars 1695.

Hiacinte Rigault pinx.
P. Dupin Sculp.
JEAN DE LA FONTAINE
de l'Academie Françoise

PIERRE MIGNARD.

1.er Peintre du Roi directeur et garde general des
Tableaux et des Desseins de sa Majesté & Né a Troye
en Chápagne en 1610. mort le 13 Mars 1695. agé de 85 ans.

MIGNARD, (PIERRE)

PEINTRE,

Né en Novembre 1610; premier Peintre du
Roi en 1690; mort le 13 Mars 1695.

NICOLE, (PIERRE)

Né le 13 Octobre 1625, de Jean Nicole, Avocat, & de Louise Constant; mort le 16 Novembre 1695.

Elisabeth Cheron pinx.
P. Dupin Sculp.
PIERRE NICOLE
Mort à Paris le 16. Novembre en
1695. Agé de 70 ans.

SUPPLÉMENT.

AVANT de terminer le Regne de *LOUIS XIV*, que nous completterons en livrant le Tome *XV* de l'Hiſtoire de France, nous avons cru devoir placer ici différens Portraits qui doivent être inſérés par forme de ſupplément, dans les Volumes précédens de cette Hiſtoire.

N. B. *On eſt prié de ne faire aucune attention à l'indication des pages qui ſe trouve mal-à-propos au haut de quelques-uns de ces Portraits.*

Tome *V.*   F

THÉODORIC I,

Ier COMTE DE HOLLANDE,

Né de Gerlof, qui fut envoyé en ambaſſade à Charles le Gros; confirmé par Charles le Simple en 922, dans la poſſeſſion des terres dont il avoit hérité de ſon pere; mort en 923.

Tome I, page 387.

Tom. III. pag. 15.

THEODORIC I, I.er Comte de Holl.

Ex Musæo Scriveri. J. J. Flipart Sculp.

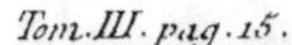

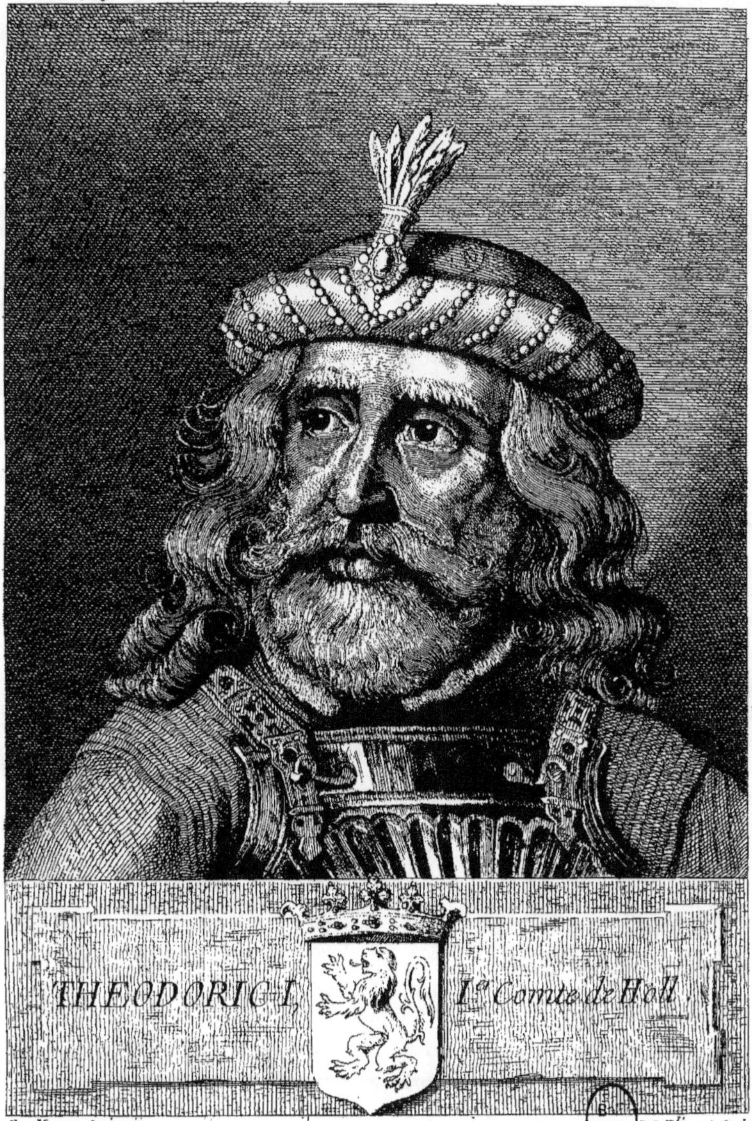

THEODORIC II,
IIᵉ Comte de Holl.
Ex Musœo Servuru.
J. J. Flipart Sculp.

THÉODORIC II,

IIe COMTE DE HOLLANDE,

Fils de Théodoric I, monta sur le Trône en 925 ; mort en 989.

Tome I, page 398.

F ij

ARNOULD,

IIIe COMTE DE HOLLANDE,

Né de Théodoric II; fuccéda à fon pere en 989; mort en 998.

Tome I, page 441.

J. J. Flipart Sculp.

Ex Museo Scriverii.   C. F. Flipart sculp.

THÉODORIC III,

IVe COMTE DE HOLLANDE,

Né d'Arnould, & de Luitgarde, fille de Sigefrid I, premier Comte de Luxembourg; n'avoit que douze ans lorsqu'il monta sur le Trône, sous la tutelle de sa mere; prit le Gouvernement en 1006; mort vers l'an 1039.

Tome I, page 448.

THÉODORIC IV,

Vᵉ COMTE DE HOLLANDE,

Né de Théodoric III, & d'Othilde *ou* Wil-
tilde, fille d'Otton, Duc de Saxe; fuccéda à
fon pere le 26 Mai 1039; mort le 14 Janvier
1049.

Tome I, page 448.

Ex Musæo Scriverii.

J.J. Flipart Sc.

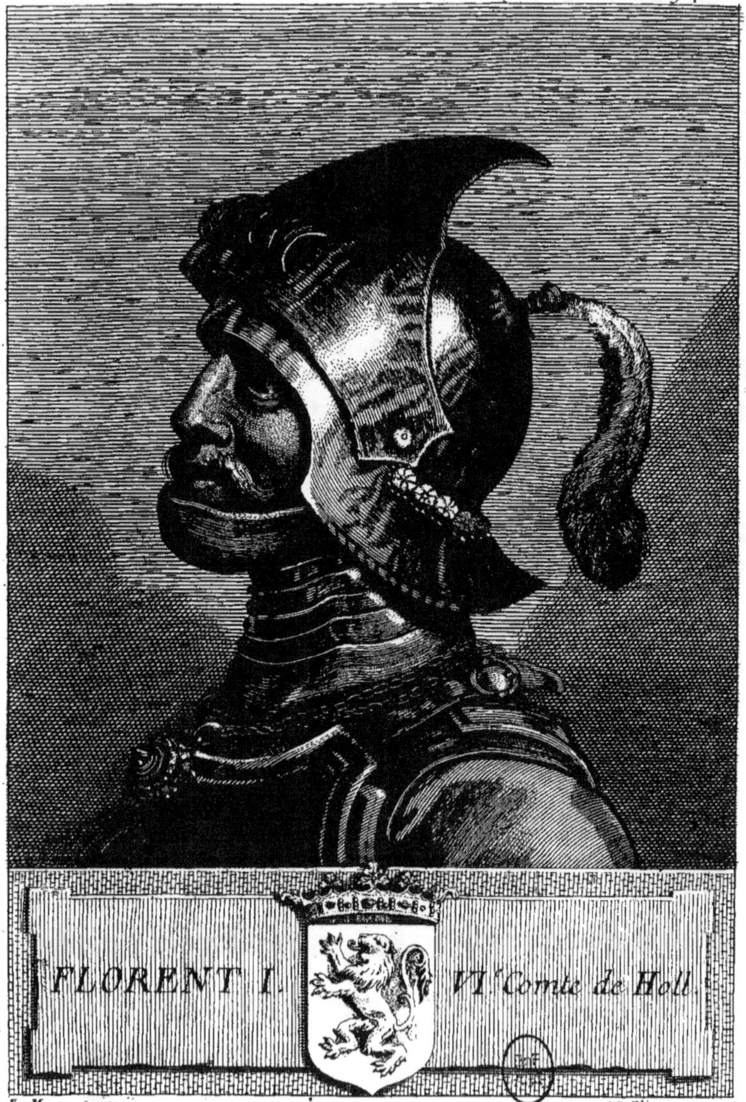

Ex Musæo Scriverii. J.J. Flipart Sculp.

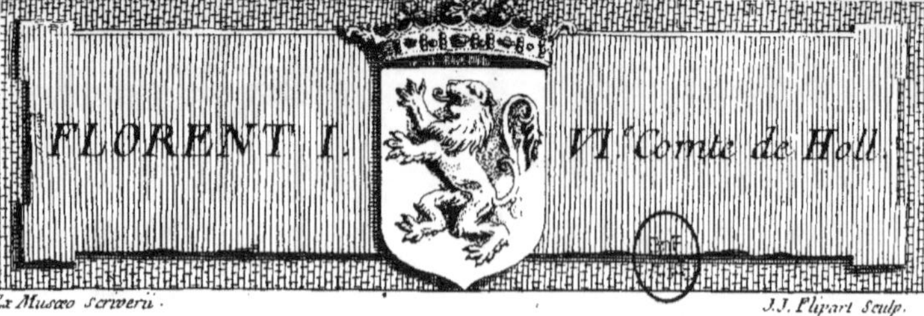

FLORENT I,

VIe COMTE DE HOLLANDE,

Frere de Théodoric IV, lui succéda de plein droit en 1049; mort en 1061.

Tome I, page 500.

THÉODORIC V,

VIIe COMTE DE HOLLANDE,

Né de Florent I, & de Gertrude, fille de
Herman, Duc de Saxe; fuccéda à fon pere à
l'âge de quatre ans, fous la tutelle de fa mere;
mort le 17 Juin 1091.

Tome I, page 500.

Ex Musæo Scriverii.

J. J. Flipart Sculp.

GERTRUDE,
Régente de Holl.
Pinx Musœo Scriverii
J. J. Flipart Sculp.

GERTRUDE,

Veuve de Florent I, VIe Comte de Hollande;
Régente pour Théodoric V, fon fils, en 1062.

Tome I, page 500.

ROBERT LE FRISON,

Régent de Hollande en 1067, pour Théodoric V, fils de Gertrude, Veuve de Florent I;
celle-ci épousant en secondes noces, Robert,
lui donna le Comté de Frise, d'où lui est venu
le surnom de *Robert le Frison.*

Tome I, page 500.

ROBERT le Frison, Regent de Holl.
Ex Musæo Scriverii.
C. E. Flipart Sculp.

Ex Musæo Scriverii.   J. J. Flipart Sculp.

GODEFROI DE LORRAINE,

USURPATEUR DE HOLLANDE,

Année 1070.

Tome I, page 501.

FLORENT II,

VIIIe COMTE DE HOLLANDE,

Né de Théodoric V, & d'Othilde, Princesse de Saxe; succéda à son pere en 1092, sous la tutelle de Conrad, Comte de Werla, frere d'Othilde; lequel étant mort presqu'aussi-tôt, fut remplacé par Henri, Comte de Northeim, beau-frere de la même Princesse; mort le 2 Mars 1122.

Tome II, page 18.

FLORENT II, VIIIme Comte de Holl.
Ex Musæo Scriverii.
C.F. Fhpart Sculp.

Ex Musæo Sorbera.

J.J. Flipart Sc.

THÉODORIC VI D'ALSACE,

IXe COMTE DE HOLLANDE,

Etant encore mineur à la mort de Florent II, fon pere, en 1123, fa mere Pétronelle fut déclarée Régente & tutrice; mort en 1157.

Tome II, page 25.

FLORENT III,

Xᵉ COMTE DE HOLLANDE,

Né de Théodoric VI, & de Sophie son épouse; succéda à son pere en 1157; épousa en 1161, Ada, fille de Henri, & petite-fille de David I, Roi d'Ecosse; mourut à la Terre-Sainte en 1191.

Tome II, page 168.

Ex Musœo Scriverii.

J. J. Flipart sculp.

Tom. III. pag. 109.
THEODORIC II. 
XI.e Comte de Holl.
Ex Musaeo Scriverii.
J. J. Flipart Sculp.

THÉODORIC VII,

XIe COMTE DE HOLLANDE,

Né de Florent III, & d'Ada, petite-fille
de David, Roi d'Ecosse ; succéda à son pere en
1191 ; mort le 4 Novembre 1203.

Tome II, page 172.

ADA,

XIIe COMTESSE DE HOLLANDE,

Succéda à fon pere Théodoric en 1203 ; fon Regne ne dura que fix mois environ ; elle fut la victime d'une mere qui facrifioit tout au defir de conferver fon autorité.

Tome II, page 195.

Ex Musæo Scriverii. J. J. Flipart Sc.

Ex Musæo Scriverii   J. J. Flipart Sculp.

GUILLAUME I,

XIIIe COMTE DE HOLLANDE;

Il étoit frere de Théodoric V·II ; commença
à régner en 1204 ; mort le 4 Février 1222.

Tome II, page 228.

Tome V.   H

FLORENT IV,

XIVe COMTE DE HOLLANDE,

Né de Guillaume I, & d'Adelaïde, Princeſſe de Gueldre ; n'étoit âgé que de douze ans, lorſqu'il fut reconnu Comte de Hollande en 1222 ; mort le 19 Juillet 1234.

Tome II, page 333.

Ex Musæo Scriverii.   J. J. Flipart Sculp.

Ex Musæo Scriverii.   J.J. Flipart Sculp.

GUILLAUME II,

XVe COMTE DE HOLLANDE,

N'avoit que six ans, lorsque Florent IV, son pere, fut assassiné; il fut proclamé Comte en 1234, sous la tutelle de son oncle; mort en 1256.

Tome III, page 105.

H ij

FLORENT V,

XVIe COMTE DE HOLLANDE,

Né de Guillaume II, & d'Elife *ou* Elifabeth, fille d'Otton l'enfant, Duc de Brunfwick; il n'avoit que deux ans lorfqu'il perdit fon pere; les Etats le reconnurent pour leur Souverain, & déférerent fa tutelle à Florent fon oncle en 1256; mort en 1298.

Tome IV, page 48.

Ex Musæo Scriverii.   J. J. Flipart Sculp.

JEAN I,
XVII.e Comte de Holl.
Ex Musæ Scriverii
C.E. Phgart Sculp.

JEAN I,

XVIIe COMTE DE HOLLANDE,

Né de Florent V, & de Béatrix, fille de Guy, Comte de Flandre ; succéda à son pere à l'âge de quinze ans en 1296 ; mort le 10 Novembre 1299.

Tome IV, page 177.

JEAN II D'AVESNES,

COMTE DE HAINAUT,

XVIIIe COMTE DE HOLLANDE,

Etoit le plus proche parent de Jean I, & lui succéda en 1299; mort le 22 Août 1304.

Tome IV, page 177.

Ex Musæo Scriverii.   J. J. Flipart Sculp.

Ex Musæo Scriverii.   J. Folkart Sculp.

GUILLAUME III,

XIXe COMTE DE HOLLANDE,

Né de Jean II d'Avesnes, & de Philippine,
fille de Henri, Duc de Luxembourg; fut inauguré
Comte en 1304; mort le 7 Juin 1337.

Tome IV, page 177.

GUILLAUME IV,

XXe COMTE DE HOLLANDE,

Né de Guillaume III, & de Jeanne de Valois; inauguré Comte en 1337, quoiqu'il n'eût que 19 ans; mort le 27 Septembre 1345.

Tome IV, page 462.

J. J. Flipart Sculp.

Ex Musœo Scriverii.

J. J. Flipart Sculp.

MARGUERITE DE BRABANT,

XXIe COMTESSE DE HOLLANDE,

Succéda à son pere Guillaume IV, en 1345; elle avoit épousé Louis, Empereur; morte en 1355.

Tome IV, page 526.

65 *Regne de Charles VI.*

GUILLAUME V,

XXIIe COMTE DE HOLLANDE,

Né de Marguerite de Brabant, & de Louis, Empereur; fut inauguré Comte en 1355; mort en 1389.

Tome VI, page 151.

Ex Musæo Scriverii.   L. Lempereur Sc.

Ex Museo scivseri   J. J. Flipart sculp.

ALBERT DE BAVIERE,

XXIIIe COMTE DE HOLLANDE,

Fut reconnu Comte en 1389, après la mort de Guillaume **V**, son frere; mort le 12 Décembre 1404.

Tome VI, page 346.

JEAN DE BAVIERE,

ÉVÊQUE DE LIÉGE,

USURPATEUR DE HOLLANDE.

Tome VII, page 23.

Ex Museo Scriverii.

C. F. Flipart sculp.

GUILLAUME VI, XXIV.e Comte de Holl.
Ex Musaeo Scriverii
J.J. Flipart Sculp.

GUILLAUME VI,

COMTE DE HAINAUT,

XXIVe COMTE DE HOLLANDE,

Né d'Albert, & de Marguerite, fille de Louis, Duc de Brieg en Siléfie ; fuccéda fans aucune difficulté à fon pere en 1404, parce qu'il gouvernoit conjointement avec lui depuis long-tems ; mort en 1417.

Tome VII, page 33.

JACQUELINE,

XXVe COMTESSE DE HOLLANDE;

Ayant été reconnue par les Etats pour héritiere de son pere, elle fut inaugurée Comtesse sans aucune difficulté en 1417; morte le 8 Octobre 1436.

Tome VII, page 284.

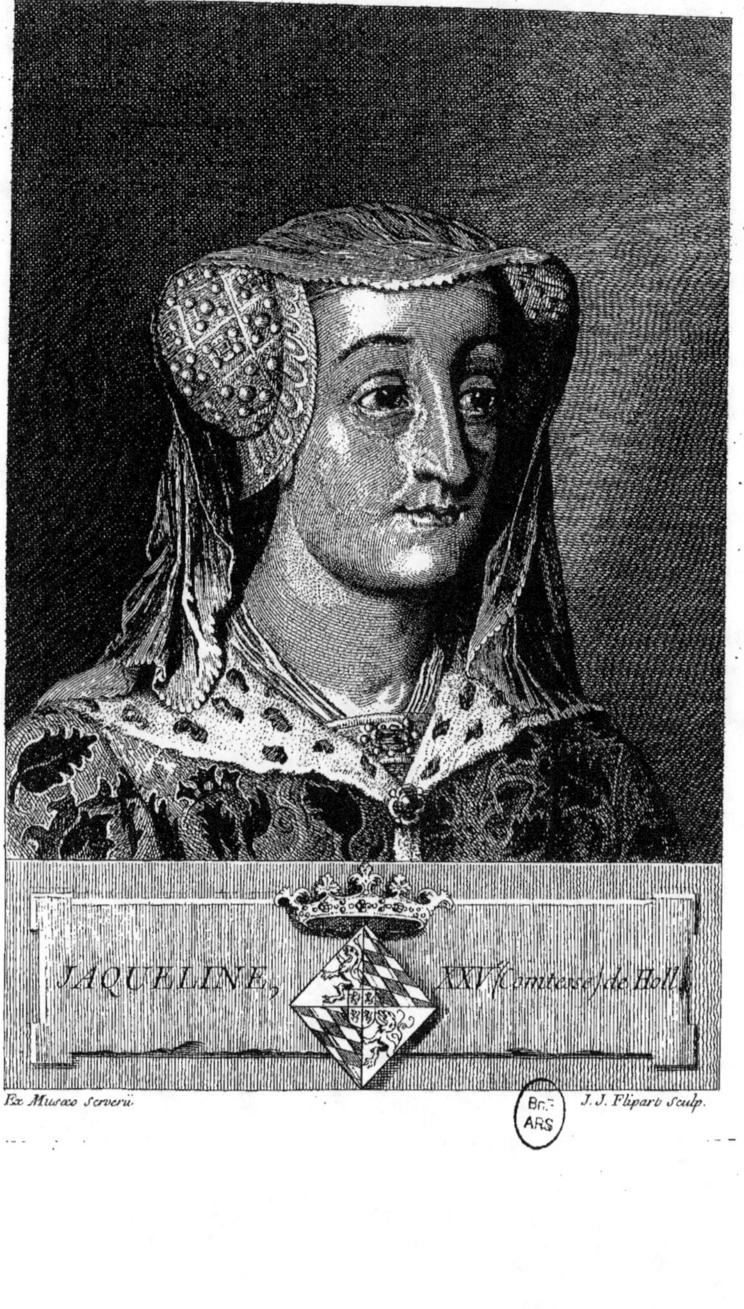

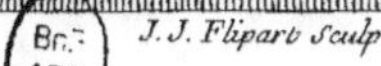

JAQUELINE, XXV (Comtesse) de Holl.

Ex Museo Serverii.

J. J. Flipart Sculp.

Ex Museo Scriverii.   Jean Van Eyck pinx.   J. J. Flipart Sculp.

PHILIPPE I,

Dit *LE BON*,

DUC DE BOURGOGNE,

XXVIᵉ COMTÉ DE HOLLANDE,

Né à Dijon le 30 Juin 1395, de Jean-sans-
Peur, Duc de Bourgogne, & de Marguerite de
Baviere, sœur de Guillaume, pere de Jacqueline;
mort le 15 Juin 1467.

(Repréfenté dans fon habit Militaire.)

Tome *VIII*, page 4.

CHARLES I,

Dit *LE HARDI,*

DUC DE BOURGOGNE,

XXVIIᵉ COMTE DE HOLLANDE,

Né le 10 Novembre 1433, de Philippe I, dit *le Bon,* & d'Isabelle de Portugal; succéda à son pere en 1467; tué au Siége devant Nancy le 5 Janvier 1474.

(Habillé dans le costume Guerrier.)

Tome IX, page 389.

Ex Museo scriverii.   Jean. Van Eyck pinxit.   J.J. Flipart sculp.

Tom. IV. Pag. 165.
MARIE, XXVIII Comtesse de Holl
Ex Musœo scriverii.
Rogier de Bruges pinx.
J. J. Flipart sculp.

MARIE DE BOURGOGNE,

XXVIIIᵉ COMTESSE DE HOLLANDE,

Née de Charles, *dit* le Hardi, Duc de Bourgogne, & d'Elifabeth de Bourbon; fuccéda à fon
pere en 1477; époufa Maximilien I, Empereur;
morte en 1482.

Tome IX, page 395.

PHILIPPE II,

ARCHIDUC D'AUTRICHE,

XXIXe COMTE DE HOLLANDE,

Né de Marie de Bourgogne, & de Maximilien,
Archiduc d'Autriche, puis Empereur; fuccéda à
fa mere en 1482, fous la tutelle de Maximilien;
proclamé Roi de Caftille & couronné en Efpagne
en 1506; mort le 25 Septembre 1506.

Tome X, page 184.

Ex Museo Scriverii.　J. Mostard pinxit.　J. J. Flipart Sculp.

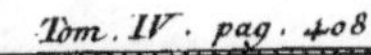

M. AERT VAN DER GOES,
Avocat de Hollande.

L.M. Quinkhart pinxit.   Fokart sculpsit.

VAN DER GOES, (AERT)

Grand. Penſionnaire & Avocat de Hollande, depuis 1526 juſqu'en 1542 ; député par les Etats pour complimenter l'Empereur à ſon arrivée dans les Pays-Bas, en 1531.

Tome XII, page 493.

ÉRASME DIDIER,

SAVANT TRÈS-CÉLEBRE,

Né à Rotterdam en 1467; mort à Bâle en 1536.

Tome XIII, page 283.

Holbein pinxit.

Flipart sculp.

Combat de JARNAC & de LA CHATAIGNERAYE,
dans lequel celui-ci succomba par un Coup sur le Jarret.

DUEL JUDICIAIRE

ENTRE

JARNAC ET LA CHATAIGNERAIE,

en 1547.

Tome XIII, page 323.

VIGLIUS DE ZUICHEM,

PRÉSIDENT DU CONSEIL PRIVÉ

DES PAYS-BAS,

Chargé de la défenfe des Pays-Bas dans la Diète de Nuremberg en 1543, & dans celle de Warms en 1545, contre le partage des pays foumis à l'Empire, fait par Charles-Quint, & nommé par Philippe II, pour fervir de témoin du ferment qu'Henri II devoit prêter d'obferver la paix.

Tome XIV, page 11.

VIGLIUS DE ZUICHEM D'AYTTA,
Président du Conseil Privé des Pays-bas.
Flipart Sculp.

Charles, Cardinal de Lorraine.

Né le 17. de Février 1524: Mort le 26. de Décembre 1574.

CHARLES DE LORRAINE,

CARDINAL,

Fils de Claude de Lorraine, premier Duc de Guiſe, & d'Antoinette de Bourbon;

Né le 17 Février 1524; diſtingué par ſes talens & ſon éloquence; il fut Archevêque de Reims & de Narbonne, & Miniſtre d'Etat; mort le 26 Décembre 1574.

Tome XIV, page 26.

CHARLES DE COSSÉ,

MARÉCHAL DE FRANCE,

Plus connu fous le nom de Maréchal de Briffac;

Fils aîné de René de Coffé, Seigneur de Briffac en Anjou; Colonel Général de la Cavalerie Légere de France; enfuite Grand-Maître de l'Artillerie Françoife en 1547; Maréchal de France en 1550; mort le 31 Décembre 1563.

Tome XIV, page 39.

Charles de Cossé, Maréchal de Brissac

mort le 31. de Décembre 1563. âgé de 57. ans.

Ex Musæo Scriverii. Titianus pinxit. J.J. Flipart sculp.

CHARLES II,

Entre les Comtes de Hollande, & le Ve dans l'ordre des Empereurs,

XXXe COMTE DE HOLLANDE;

Fils aîné de Philippe II, Archiduc d'Autriche, & de Jeanne, Reine de Castille; n'avoit que sept ans lorsqu'il perdit son pere; lui succéda sous la tutelle de Ferdinand qui eut la Régence de Castille; & de Maximilien, pour l'Administration des Pays-Bas, qui la commit à Marguerite sa fille; inauguré Comte de Hollande en 1515; couronné Roi d'Espagne en 1517; Empereur en 1529; mort le 21 Septembre 1558.

Tome XIV, *page 75.*

Tome V.   L

GUILLAUME I DE NASSAU,

PRINCE D'ORANGE,

Stadhouder de Hollande en 1559; tué en 1584.

Tome XIV, page 77.

Mireveldt pinxit.

J.J. Flipart Sculpsit.

Ex Musæo Scriverii.   Lucas de Leide pinx.   J. J. Flipart Sculp.

MAXIMILIEN I,

TUTEUR DE HOLLANDE,

Fils de Frédéric IV le Pacifique, Archiduc d'Autriche ;

Né en 1459 ; épousa Marie de Bourgogne en 1477 ; créé Roi des Romains en 1486 ; Empereur en 1493 ; mort le 12 Janvier 1519.

Tome XIV, page 77.

DUDLEI, (ROBERT)

COMTE DE LEICESTER,

Nommé par la Reine Elisabeth & par les Etats Gouverneur des Provinces-Unies en 1585; mort le 14 Septembre 1587.

Tome XIV, page 179.

ROBERT DUDLEI,
Comte de Leicester.

Gucht del.   F. R. Ingouf Sculp.

J. M. Quinkhart, pinxit.

Flipart sculp.

VANDER GOES, (ADRIEN)

Grand Penſionnaire & Avocat de Hollande,
lorſque Charles-Quint comprit ſous la domina-
tion de Cercle de Bourgogne, les XVII Provinces des Pays-Bas, & les unit à l'Empire en
1548; mort en 1560.

BUIS, (PAUL)

PENSIONNAIRE DE LEIDE,

Nommé Avocat de Hollande en 1572.

Schouman del. du Cabinet de M.r Bedlart Echevin de Middelbourg.   J. J. Flipart sculp.

De Gheyn pinx.   J.J. Flipart sculp.

MARNIX, (PHILIPPE)

SEIGNEUR DU MONT SAINTE-ALDEGONDE,

Né à Bruxelles en 1538; envoyé en France en 1574; élu Conful d'Anvers en 1584; mort en 1598.

BOISOT, (LOUIS)

AMIRAL DE ZEELANDE,

Chargé de secourir Leide, assiégée par les Espagnols en 1574; mort en 1576.

d'après l'Original de C. Visscher.   J. J. Flipart Sculp.

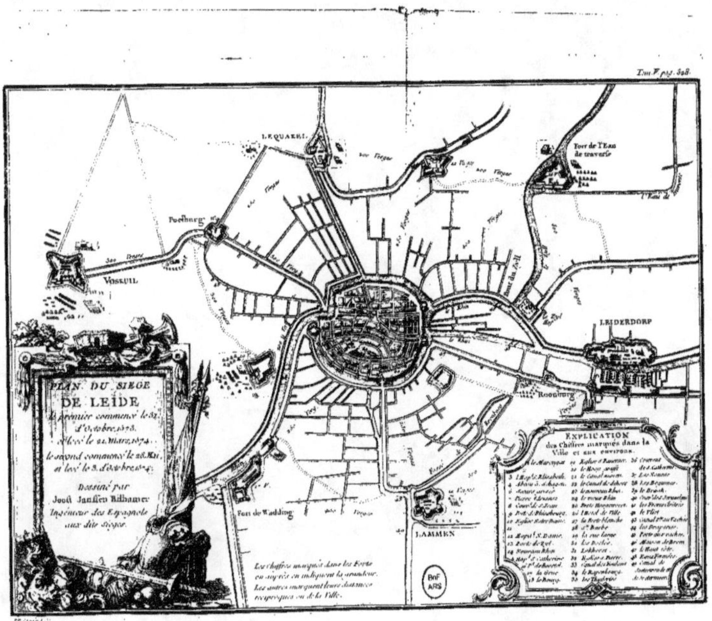

LE QUAKEL
Fort de l'Eau de traverse
Poelburg
VOSKUIL
LEIDERDORP
PLAN DU SIEGE
DE LEIDE
Dessiné par
Jooft Janffen Bilhamer
Ingénieur des Espagnols
aux dit Siege.
Fort de Wadding
SAMMEN
Roonburg
EXPLICATION
des Chiffres marqués dans la
Ville et aux environs.

PLAN
DU SIÉGE DE LEIDE,
PAR LES ESPAGNOLS,

En 1573 & 1574.

Tome V.   M

VANDER DOES, (JEAN)

SEIGNEUR DE NORDWYK,

Elu par le Sénat de Dordrecht pour comman-
der dans la ville de Leide, affiégée par les
Efpagnols en 1573 & 1574.

d'après l'Original de C. Visscher.

J. J. Flipart Sculp.

MAURICE DE NASSAU,

Prince d'Orange, Stadhouder de Hollande. &c.

A. Schouman del.

F. R. Ingouf Sculp.

MAURICE DE NASSAU,

PRINCE D'ORANGE,

Fils de Guillaume, & d'Anne de Saxe; Stadhouder de Hollande en 1585; mort le 23 Avril 1624.

M ij

GUILLAUME-LOUIS,

COMTE DE NASSAU,

Cousin & beau‑frere de Maurice ; est élu & confirmé Stadhouder de Frise en 1584 ; Stadhouder de Groningue & des Ommelandes en 1594 ; mort le 10 Juin 1620.

GUILLAUME - LOUIS,
Comte de Naßau,
Stadhouder de Frise, de Groningue et des Ommelandes.
F. R. Ingouf Sculp.

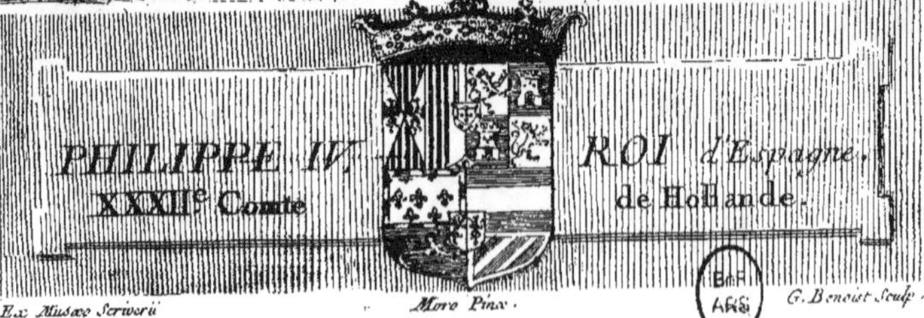

Ex Musæo Scriverii   Moro Pinx.   G. Benoist Sculp.

PHILIPPE IV,

Dans l'ordre des Comtes de Hollande, & le
IIIe dans celui des Rois d'Espagne,

XXXIIe COMTE DE HOLLANDE,

Né de Philippe II, Roi d'Espagne, & d'Anne
d'Autriche, fille de l'Empereur Ferdinand; succéda à son pere en 1598; mort le 31 Mars 1621.

BARNEVELDT,

OU

JEAN-OLDEN BARNEVELDT,

Avocat & Grand Penſionnaire de Hollande ; envoyé en ambaſſade auprès d'Henri I V en 1598 ; quitta ſa Charge en 1608 ; condamné à mort, & eut la tête tranchée le 13 Mai 1619.

BARNEVELD ou OLDENBARNEVELD,
Avocat et Grand Pensionnaire de Hollande.
W. van Elger pinx.
F. R. Ingouf Sculp.

CORNEILLE VAN AARSENS,
Greffier des Etats de Hollande.

AERSENS, (CORNEILLE)

Greffier des Etats de Hollande en 1607; dépose contre Barneveldt, lorsqu'on faisoit le Procès à celui-ci en 1619.

PHILIPPE V,

Selon l'ordre des Comtes de Hollande, & IVe Roi d'Espagne,

XXXIIIe COMTE DE HOLLANDE,

Né le 8 Avril 1605; succéda à son pere en 1621; & après la mort de sa tante Elisabeth-Claire-Eugénie, arrivée en 1633, il rentra en possession des Etats des Pays-Bas; mort le 17 Septembre 1665.

ex Musæo Scriverii.

J. J. Flipart Sculp.

FREDERIC HENRY
Prince d'Orange
Mort à La Haye, le 14 Mars 1647. agé de 63 ans.

FRÉDÉRIC-HENRI
DE NASSAU,
PRINCE D'ORANGE,

Fils de Guillaume de Naſſau, Prince d'Orange, & de Louiſe de Coligny, fille de Gaſpard de Coligny, Amiral de France;

Né en 1584; mort le 14 Mars 1647.

PAUW, (ADRIEN)

Grand Penſionnaire de Hollande, & Ambaſſadeur des Provinces-Unies à la Cour de France.

ADRIEN PAUW,
Grand Penfionnaire de Hollande,
Ambaſſadeur des Provinces-Unies à la Cour de France.

G. Hardthorst Pinx.   F. R. Ingouf Sculp.

GUILLAUME II. COMTE DE NASSAU,
Prince d'Orange, Stadhouder de Hollande, Zeelande,
&c. Capitaine et Amiral Général des Provinces-Unies.

Inxeul. Sculp.

GUILLAUME II,

COMTE DE NASSAU,

PRINCE D'ORANGE,

STADHOUDER DE HOLLANDE-ZEELANDE,

CAPITAINE ET AMIRAL GÉNÉRAL

DES PROVINCES-UNIES,

Né de Frédéric-Henri.

JEAN-MAURICE,

COMTE DE NASSAU,

Gouverneur du Bréſil, conquis par les Provinces-Unies; enſuite Général de la Cavalerie
de la République en 1644.

JEAN MAURICE COMTE DE NASSAU,
Gouverneur du Brésil Conquis par les Provinces Unies,

HENRI II.
Duc de Montmorenci, Marêchal de Fr.
Né le 30 Avril 1595. Décapité à Toulouse le 30 Octob. 1632.

MONTMORENCY,

(HENRI, DUC DE)

SECOND DU NOM,

PAIR ET MARÉCHAL DE FRANCE,

GOUVERNEUR DE LANGUEDOC,

Fils de Henri Ier, Duc de Montmorency, Connétable de France, & de Louife de Budos, fa feconde femme;

Né le 30 Avril 1595; Maréchal de France le 11 Décembre 1630; mort le 30 Octobre 1632.

TABLE

ALPHABÉTIQUE

DES PORTRAITS

CONTENUS dans les Tomes III, IV & V
de ce Recueil.

A

ADA, Comtesse de Hollande,   *Tome V, page* 55

Aersens, (Corneille) Greffier des Etats de
    Hollande,   *V,*   94

Alais, (Louis-Emmanuel de Valois, Comte d') *IV,*   19

Albert, (Charles d') Duc de Luynes, Con-
    nétable de France,   *III,*   100

Albert, (Honoré d') Seigneur de Luynes, *III,*   38

Albert de Baviere, Comte de Hollande,   *V,*   66

Albret, (Jeanne d') Reine de Navarre, habillée
    selon le costume du tems,   *III,*   18

Alençon, (François de France, Duc d') *Tome III, page* 36
Ancre, (Concini - Concino, Marquis d') Ma-
réchal de France,   *III,*   86
Andelot, (François Coligni, Seigneur d')   *III,*   5
Angoulême, (Louis - Emmanuel de Valois,
Comte d'Alais, Duc d')   *IV,*   19
Angoulême, (Charles de Valois, Duc d')
Colonel Général de la Cavalerie légere de
France,   *III,*   77
Aniello (Tomaſo) Mazaniel,   *IV,*   45
Antoine de Bourbon, Roi de Navarre, *III,*   7
Arnauld, (Antoine)   *IV,*   77
Arnould, Comte de Hollande,   *V,*   43
Avaux, (Jean-Antoine de Meſmes, Comte d') *IV,*   94
Aubigné, (Françoiſe d') Marquiſe de Main-
tenon,   *V,*   2
Aubuſſon, (Francois, Vicomte d') Duc de
la Feuillade,   *IV,*   73
Autriche, (Anne d') Reine de France,   *III,*   96

B

Balzac d'Entragues, (Catherine-Henriette de)
Marquiſe de Verneuil,   *Tome III, page* 73
Barbieri, (François) ſurnommé *le Guerchin,* *IV,*   81
Barneveldt *ou* Olden Barneveldt, (Jean) *V,*   93
Baroche, (Frédéric) Peintre,   *III,*   91
Baſſompierre, (François de) Colonel Général
des Suiſſes,   *III,*   85
Bataille de Dreux,   *III,* 19, 20

Beaufort, (Gabrielle d'Eftrées, Ducheffe de) *T. III*, *page* 62
Beaufort, (François de Vendôme, Duc de) *IV*, 28
Belle-Ifle, (Nicolas Foucquet, Marquis de) *IV*, 59
Bellievre, (Pomponne de), Chancelier, *III*, 33
Berghem, (Nicolas) Peintre, *V*, 4
Berton, (Louis) de Crillon, furnommé *le Brave*, Colonel Général de l'Infanterie Françoife, *III*, 57
Berryer, (Louis) *V*, 14
Berulle, (Pierre) Cardinal, *V*, 100
Béthune, (Maximilien de) Duc de Sully, Grand-Maître de l'Artillerie, *III*, 78
Bignon, (Jérôme) Avocat Général, *IV*, 24
Biron, (Armand de Gontaut, Seigneur & Baron de) *III*, 29
Biron, (Charles de Gontaut, Duc de) Amiral, *III*, 68
Boifot, (Louis) Amiral de Zeelande, *V*, 87
Bongars, (Jacques) *III*, 90
Bonne, (François de) Duc de Lefdiguieres, Connétable, *III*, 46
Boffuet, (Jacques-Bénigne) *IV*, 85
Boucherat, (Louis) *V*, 12
Bouillon, (Emmanuel-Théodofe de la Tour d'Auvergne, *dit* le Cardinal de) *IV*, 84
Bourbon, (Antoine de) Roi de Navarre, *III*, 7
Bourbon, (Catherine de) Princeffe de Navarre, *III*, 63
Bourbon, (Charles de) Comte de Soiffons, *III*, 52
Bourbon, (Charles II, Cardinal de), *III*, 39
Bourbon, (Henri I de) Prince de Condé, *III*, 31
Bourbon, (Henri II de) Prince de Condé, *III*, 81

Bourbon,

Bourbon, (Henri de) Duc de Montpenfier, *T. III, page* 66
Bourbon, (Louis-Alexandre de) Comte de
    Touloufe,   *V,*   28
Bourdeille, (Pierre) connu fous le nom de
    Brantôme,   *III,*   95
Bourbon, (Louis de) Comte de Vermandois, *V,*   1
Bouthillier, (Victor) Archevêque de Tours, *IV,*   25
Brancas, (André-Baptifte de) Seigneur de
    Villars, Amiral,   *III,*   56
——— Louis-Hector, Duc de Villars,   *V,*   26
Brantôme, (Pierre Bourdeille, Abbé de)   *III,*   95
Briffac, (Artus de Coffé, Comte de)   *III,*   6
Briffac, (Charles de Coffé, Maréchal de)   *V,*   79
Briffac, (Charles II de Coffé, Duc de)
    Maréchal de France,   *III,*   58
Briffac, (Timoléon de Coffé, Comte de)
    Colonel Général de l'Infanterie Françoife, *III,*   27
Briffon, (Barnabé) Avocat Général,   *III,*   64
Brouffel, (Pierre de) Confeiller au Parlement, *IV,*   47
Brulart, (Nicolas) Seigneur de Sillery, Chan-
    celier,   *III,*   75
Buckingham, (Georges de Villiers, Duc de) *III,*   98
Buis, (Paul) Penfionnaire de Leide, & Avocat
    de Hollande,   *V,*   85
Buonarotti, (Michel-Ange) Sculpteur, &c. *III,*   21
Buffy, (Roger de Rabutin, Comte de)   *IV,*   53

Tome V.   O

C

Callot, (Jacques) Graveur,   Tome *IV*, page 26
Camus, (Jean-Pierre) Evêque de Bellay,   *IV*,   57
Catherine de Médicis, Reine de France,   *III*,   11
—— Sa Conférence avec le Cardinal de Lor-
   raine & le Duc de Guife,   *III*,   12
Catinat, (Nicolas)   *V*,   19
Chaife, (François de la) Jéfuite,   *V*,   5
Champagne, (Philippe de) Peintre,   *IV*,   93
Charles IX, Roi de France,   *III*,   14
—— (Habillé felon le coftume du tems),   *III*,   15
Charles I, Duc de Bourgogne, furnommé le
   Hardy,   *V*,   71
Charles II, Roi d'Efpagne,   *IV*,   83
Charles II, entre les Comtes de Hollande,
   & le Ve dans l'ordre des Empereurs,   *V*,   80
Charles I, Roi d'Angleterre,   *III*,   92
Charles II, Roi d'Angleterre,   *IV*,   54
Charles-Emmanuel I, Duc de Savoye,   *III*,   45
Châtaigneraie, (Duel de)   *V*,   76
Châtillon, (Odet de Coligni, Cardinal de) *III*,   16
Choifeul, (Céfar de) Maréchal de France, *IV*,   22
Chriftine, Reine de Suede,   *IV*,   18
Churchill, (Jean) Duc de Marlborough,   *IV*,   100
Cinq-Mars, (Henri Coëffier *dit* Ruzé, Mar-
   quis de)   *IV*,   29
Claude, (Jean)   *V*,   15

Coiffier, (Henri) *dit* Ruzé, Marquis de
Cinq-Mars,   *Tome IV*, *page* 29
Colbert, (Jean-Baptiste)   *IV*,   70
Coligni, (Gaspard) Amiral, habillé selon le
coûtume du tems,   *III*,   4
Coligni, (François de) Seigneur d'Andelot, *III*,   5
Coligni, (Odet de) Cardinal de Châtillon, *III*,   16
Combat de Jarnac & de la Châtaigneraie,   *V*,   79
Concini-Concino, Marquis d'Ancre, Maré-
chal de France,   *III*,   86
—— (Eléonore Galigay) son épouse,   *III*,   87
Condé, (Henri I de Bourbon, Prince de) *III*,   31
Condé, (Henri II de Bourbon, Prince de) *III*,   81
—— (Charlotte-Marguerite de Montmorenci)
son épouse,   *III*,   82
Condé, (Louis II de Bourbon, Prince de)
surnommé le Grand,   *IV*,   40
Condé, (Anne-Geneviève de Bourbon) Du-
chesse de Longueville,   *IV*,   49
Condren, (Charles de) second Général de
l'Oratoire,   *IV*,   14
Conférence du Cardinal de Lorraine & du
Duc de Guise avec Catherine de Médicis, *III*,   12
Corneille, (Pierre) *dit* le Grand,   *IV*,   27
Cospean *ou* Cospeau, (Philippe) Evêque d'Aire, *V*, 99
Cossé, (Artus de) Maréchal de France, ha-
billé selon le coûtume du tems,   *III*,   6
Cossé, (Charles) Maréchal de Brissac, *V*,   79
Cossé, (Timoléon de) Comte de Brissac,
Colonel Général de l'Infanterie Françoise, *III*, 27

Coſſé, (Charles II de) Duc de Briſſac, Ma-
réchal de France,   *Tome III, page* 58
Cotton, (Pierre) Jéſuite,   *III,*   79
Créqui, (Charles I, Sire de) Duc de Leſ-
diguieres, Maréchal de France,   *III,*   72
Crillon, (Louis Berton de) ſurnommé le Brave,
Colonel Général de l'Infanterie Françoiſe, *III,*   57
Cromwel, (Olivier)   *IV,*   --

D

Daillé, (Jean)   *Tome IV, page* 86
Dauphin, appellé Monſeigneur, (Louis de
France)   *IV,*   99
Deſcartes, (René)   *IV,*   51
Deshoulieres, (Antoinette du Ligier de la Garde) *V,*   33
Desjardins, (Martin) Sculpteur,   *V,*   34
Dominiquin (le), *ou* Dominique Zampieri,
Peintre,   *IV,*   34
Dubois, (Philippe Goibaud)   *V,*   35
Duboſcq, (Pierre) Miniſtre à Caen,   *V,*   29
Dudlei, (Robert) Comte de Leiceſter,   *V,*   83
Duel entre Jarnac & la Châtaigneraie,   *V,*   76
Dumoulin, (Charles) Avocat au Parlement, *III,*   26
Du Perron, (Jacques Davy) Cardinal,   *III,*   69

E

Epernon, (Bernard de Nogaret de la Valette,
Duc d')   *Tome IV, page* 41

Epernon, (Jean-Louis de la Valette, *dit* No-
   garet, Duc d')   *Tome III, page* 47
Elifabeth, Reine d'Angleterre,   *III,*   13
Entragues, (Catherine-Henriette de Balzac d')
   Marquife de Verneuil,   *III,*   73
Erafme, (Didier)   *V,*   75
Erneft, (Ferdinand III, Empereur, furnommé) *IV,*   10
Eftrées, (Gabrielle d') Ducheffe de Beaufort, *III,*   62
Eugene, (le Prince) François de Savoye,
   Comte de Soiffons,   *V,*   27

F

Farnèfe, (Alexandre) Duc de Parme, *Tome III, page* 22
Fayette, (Marie-Magdeleine Pioche de la
   Vergne, Comteffe de la),   *V,*   32
Fenelon, (François de Salignac de la Mothe) *V,*   21
Ferdinand II, Empereur,   *III,*   88
Ferdinand III, furnommé Erneft, Empereur, *IV,*   10
Fernandès, (Barthelemy), *dit* des Martyrs,
   Dominicain,   *III,*   61
Feuillade, (François, Vicomte d'Aubuffon,
   Duc de la)   *IV,*   73
Flechier, (Efprit)   *V,*   16
Fleury, (Claude)   *V,*   20
Florent I, Comte de Hollande,   *V,*   46
Florent II, Comte de Hollande,   *V,*   51
Florent III, Comte de Hollande,   *V,*   53
Florent IV, Comte de Hollande,   *V,*   57
Florent V, Comte de Hollande,   *V,*   59

Fontaine, (Jean de la)   *Tome V, page* 38

Fontana, (Dominique) Architecte,   *III,*   80

Fontanges, (Marie-Angélique de Scoraille de Roussille, Duchesse de)   *V,*   3

Foucquet, (Nicolas) Marquis de Belle-Isle, *IV,*   59

François II, Roi de France,   *III,*   9

François II, Roi de France, selon le costume du tems,   *III,*   10

François de France, Duc d'Alençon,   *III,*   36

Frédéric-Henri de Nassau, Prince d'Orange, *V,*   96

Fromentieres, (Jean-Louis de) Evêque d'Aire, *V,*   9

Froulay, (René de) Comte de Tessé,   *IV,*   98

G

Gabrielle d'Estrées, Duchesse de Beaufort, *T. III, page* 62

Galigay, (Eléonore) épouse de Concini, Maréchal d'Ancre,   *III,*   87

Gassendi, (Pierre)   *IV,*   63

Gassion, (Jean de) Maréchal de France,   *IV,*   16

Gaston, (Jean-Baptiste de France, Duc d'Orléans)   *IV,*   3

Gertrude, Régente de Hollande,   *V,*   48

Godefroy de Lorraine, Usurpateur de Hollande, *V,*   50

Godefroy, (Denis) Jurisconsulte célebre,   *IV,*   6

Gondi, (Jean-François de) premier Archevêque de Paris,   *IV,*   8

Gondi, (Jean-François-Paul de) Cardinal de Retz,   *IV,*   46

Gontaut, (Armand de) Seigneur & Baron de
Biron, Maréchal de France, *Tome III, page* 29
Gontaut, (Charles de) Duc de Biron, Amiral, *III,* 68
Goyon, (Jacques) Sire de Matignon, Maré-
chal de France, *III,* 28
Grammont, (Antoine III, Duc de) *IV,* 50
Guerchin, (François Barbieri, furnommé le) *IV,* 81
Guillaume I, Comte de Hollande, *V,* 56
Guillaume II, Comte de Hollande, *V,* 58
Guillaume III, Comte de Hollande, *V,* 62
Guillaume IV, Comte de Hollande, *V,* 63
Guillaume V, Comte de Hollande, *V,* 65
Guillaume VI, Comte de Hainaut, *V,* 68
Guillaume I de Naffau, Prince d'Orange, *V,* 81
Guillaume II, Comte de Naffau, Prince
d'Orange, *V,* 98
Guillaume-Louis, Comte de Naffau, *V,* 91
Guife, (Charles, Cardinal de Lorraine) *V,* 78
Guife, (Henri de Lorraine, Duc de) fur-
nommé le Balafré, *III,* 24
Guife, (Louis de Lorraine) fecond Cardinal
du nom, Archevêque de Reims, *III,* 48
Guftave-Adolphe, furnommé le Grand, Roi
de Suede, *III,* 89

H

Harcourt, (Henri de Lorraine, Comte d')
Grand-Ecuyer de France, *Tome IV, page* 5
Harcourt, (Henri, Duc d') *V,* 25

Harlay, (Nicolas de) Seigneur de Sancy,
  Colonel Général des Suisses,   *Tome III, page* 55
Henriette-Anne d'Angleterre,   *IV,*   68
Henri III, Roi de France,   *III,*   37
Henri IV, surnommé le Grand, Roi de France, *III,* 60
Henri IV, (Massacre d')   *III,*   83
Hospital, (Michel de l') Chancelier, *III,*   3

J

Jacqueline, Comtesse de Hollande,   *Tome V, page* 69
Jacques VI, Roi d'Ecosse, *ou* Jacques I,
  Roi d'Angleterre,   *III,*   44
Jacques II, Duc d'Yorck, Roi d'Angleterre, *IV,*   55
Jarnac, (Duel de)   *V,*   76
Jean de Baviere, Evêque de Liége,   *V,*   67
Jean-Maurice, Comte de Nassau,   *V,*   99
Jean I, Comte de Hollande,   *V,*   60
Jean II, d'Avesnes, Comte de Hainaut,   *V,*   61
Jeanne d'Albret, Reine de Navarre,   *III,*   18
Jeannin, (Pierre) Contrôleur des Finances, *III,* 65
Joseph, (François le Clerc du Tremblay,
  célebre sous le nom du Pere,) Maréchal
  de France, & ensuite Capucin,   *IV,*   1
Joyeuse, (Anne de) Maréchal de France, *III,*   17
Joyeuse, (Henri de) Maréchal de France, *III,*   53

L

L

Lamoignon, (Guillaume de)   *Tome IV*, *page* 64
Le Brun, (Charles) Peintre,   *V*,   23
Leicefter, (Robert Dudlei, Comte de)   *V*,   83
Leide, (Plan du Siége de)   *V*,   88
Léopold I, Empereur,   *IV*,   62
Lefdiguieres, (François de Bonne, Duc de)
    Connétable,   *III*,   46
Lefdiguieres (Charles I, Sire de Créqui,
    Duc de),   *III*,   72
Lewenberg, (Nicolas,) Chef des Rebelles des
    Cantons Suiffes,   *IV*,   60
Longueil, (Jean de) Marquis de Maifons,   *IV*,   43
Longueville (Anne - Geneviéve de Bourbon-
    Condé, Ducheffe de),   *IV*,   49
Lorraine, (Charles, Cardinal de)   *V*,   78
Lorraine, (Charles de) Duc de Mayenne,
    Amiral de France,   *III*,   43
Lorraine, (Henri de) Duc de Guife,   *III*,   24
Lorraine, (Henri de) Comte d'Harcourt,
    Grand-Ecuyer de France,   *IV*,   5
Lorraine, (Louis de) Cardinal de Guife,
    Archevêque de Reims,   *III*,   48
—— Conférence avec Catherine de Médicis,   *III*,   12
Lorraine, (Philippe-Emmanuel de) Duc de
    Mercœur,   *III*,   50
Louis XIII, *dit* le Jufte, Roi de France,   *III*,   84
Louis XIV, Roi de France, furnommé le Grand,   *IV*,   39

Tome V.   P

Louis de France, Dauphin, appellé Monsei-
gneur,   *Tome IV, page* 99
Louis de Bourbon, Comte de Vermandois, *V,*   1
Lulli, (Jean-Baptiste) Muficien,   *IV,*   71
Luxembourg, (François-Henri de Montmo-
renci, Duc de)   *IV,*   87
Luynes, (Charles d'Albert, Duc de) Con-
nétable,   *III,*   100
Luynes, (Honoré d'Albert, Seigneur de) *III,*   38

M

Maimbourg, (Louis) Jéfuite,   *Tome V, page* 12
Maintenon, (Françoife d'Aubigné, Marqui-
fe de)   *V,*   2
Mancini, (Hortenfe de) Ducheffe de Mazarin, *IV,*   69
Marguerite de Brabant, Comteffe de Hollande, *V,*   64
Marie de Bourgogne,   *V,*   72
Marie de Médicis, Reine de France,   *III,*   74
Marie Stuart, Reine d'Ecoffe, femme de
François II,   *III,*   8
Marie Stuart, feconde du nom,   *IV,*   96
Marlborough, (Jean-Churchill, Duc de)   *IV,*   100
Marini, (Jean-Baptiste) *dit* le Cavalier Marin, *IV,* 11
Marnix, (Philippe)   *V,*   86
Martyrs, (Barthélemi-Fernandès, *dit* des)
Dominicain,   *III,*   61
Mafle, (Michel le)   *IV,*   38
Maffacre de Henri IV,   *III,*   83
Mathias, (Empereur,)   *III,*   42

Matignon, (Jacques Goyon , Sire de) Maré-
chal de France,   *Tome III , page* 28
Maurice de Naffau , Prince d'Orange,   *V ,*   90
Maupeou , (Gilles de) Contrôleur des Finances, *III ,*   93
Maximilien I , tuteur de Hollande,   *V ,*   82
Mayenne , (Charles de Lorraine , Duc de)
Amiral de France,   *III ,*   43
Mazaniel , (Tomafo - Aniello) Pêcheur à
Naples ,   *IV ,*   45
Mazarin , (Jules) Cardinal ,   *IV ,*   13
Mazarin , (Hortenfe Mancini , Ducheffe de) *IV ,*   69
Médicis , (Catherine de) Reine de France ,
habillée felon le coftume du tems ,   *III ,*   11
—— Sa Conférence avec le Cardinal de Lor-
raine & le Duc de Guife ,   *III ,*   12
Médicis , (Marie de) Reine de France ,   *III ,*   74
Meilleraye , (Charles II de la Porte , Duc
de la)   *IV ,*   23
Mellan , (Claude) Graveur ,   *V ,*   17
Menage , (Gilles) Avocat ,   *V ,*   30
Mercœur , (Philippe - Emmanuel de Lorraine ,
Duc de)   *III ,*   50
Merfenne , (Marin) Minime ,   *IV ,*   48
Mefmes , (Henri de) Seigneur de Roiffi , fe-
cond Préfident au Parlement de Paris ,   *IV ,*   12
Mefmes , (Jean-Antoine de) Comte d'Avaux, *IV ,*   94
Mezeray , (François-Eudes de)   *V ,*   6
Michel-Ange Buonarotti , Sculpteur , &c.   *III ,*   21
Mignard , (Pierre) Peintre ,   *V ,*   39
Molé , (Mathieu) Premier Préfident ,   *III ,*   98

Moliere, (Jean-Baptiste Pocquelin)   *Tome IV*, *page* 91
Monseigneur, (Louis de France, Dauphin,
    appellé)   *IV*,   99
Monsieur, (Philippe, fils de France) Duc
    d'Orléans,   *IV*,   67
Montalte, (Félix Peretti, Cardinal de) en-
    suite Pape sous le nom de Sixte V,   *III*,   49
Montécuculi, (Raymond de)   *IV*,   74
Montespan, (Françoise Athenaïs de Roche-
    chouart, Marquise de)   *IV*,   78
Montmorenci, (Anne de) Connétable, *ha-
    billé selon le costume du tems,*   *III*,   1
Montmorenci, (Henri I de) Connétable,   *III*,   30
Montmorenci, (Henri II, Duc de)   *V*,   100
Montmorenci, (François-Henri de) Duc de
    Luxembourg,   *IV*,   87
Montmorenci, (Charlotte-Marguerite de)
    épouse de Henri II, Prince de Condé,   *III*,   82
Montpensier, (Henri de Bourbon, Duc de) *III*,   66
Montpensier, (Anne-Marie-Louise d'Orléans,
    Duchesse de)   *IV*,   56
Mornay, (Philippe de) Seigneur du Plessis-
    Marly, Gouverneur de Saumur,   *III*,   70
Moulin, (Charles du) Avocat au Parlement, *III*,   26

N

Nassau, (Princes de)
——— Guillaume I,   *Tome V*, *page.* 81
——— Maurice,   *V*,   90

Naſſau, (Guillaume-Louis, Prince de) *T. V, page* 91
—— Frédéric-Henri,   *V,*   96
—— Guillaume II,   *V,*   98
—— Jean-Maurice,   *V,*   99
Naudé, (Gabriel) Médecin,   *IV,*   61
Neufville, (Nicolas de) Seigneur de Villeroi,
  Secrétaire d'Etat,   *III,*   51
Nicole, (Pierre)   *V,*   40
Noailles, (Louis-Antoine de) Cardinal, *V,*   36
Nogaret, (Bernard de la Valette) Duc d'E-
  pernon,   *IV,*   41
Nogaret, (Jean-Louis de la Valette, *dit*) Duc
  d'Epernon, Amiral,   *III,*   47
Noſtradamus, (Michel)   *III,*   25

O

Olonne, (Catherine-Henriette d'Angennes,
  Comteſſe d')   *Tome IV, page* 52
Orléans, (Jean-Baptiſte Gaſton de France,
  Duc d')   *IV,*   3
—— (Philippe, fils de France, Monſieur,
  Duc d')   *IV,*   6
—— Anne-Marie-Louiſe, Ducheſſe de Mont-
  penſier,   *IV,*   56
Oſſat, (Arnauld d') Cardinal,   *III,*   54
Oxenſtiern, (Axel) Miniſtre de Suede, *IV,*   15

P.

Pafcal, (Blaife)   Tome *IV*, page 72

Pafquier, (Etienne) Avocat du Roi de la
    Chambre des Comptes,   *III*,   23

Pauw, (Adrien) Grand Penfionnaire de Hol-
    lande,   *V*,   97

Peirefc, (Nicolas-Claude Fabri de)   *IV*,   30

Peretti, (Félix) connu fous le nom de Car-
    dinal de Montalte, & enfuite fous celui de
    Sixte V, Pape,   *III*,   49

Perron, (Jacques-Davy du) Cardinal,   *III*,   69

Petau, (Denis)   *IV*,   58

Philippe I, Duc de Bourgogne, furnommé *le*
    Bon,   *V*,   70

Philippe II, Archiduc d'Autriche & Comte
    de Hollande,   *V*,   73

Philippe II, Roi d'Efpagne,   *III*,   2

Philippe IV, dans l'ordre des Comtes de Hol-
    lande & IIIe dans celui des Rois d'Efpagne, *V*,   92

Philippe V, felon l'ordre des Comtes de Hol-
    lande, & IVe Roi d'Efpagne,   *V*,   95

Philippe, fils de France, appellé Monfieur,
    frere unique de Louis XIV,   *IV*,   67

Pleffis-Marly, (Philippe de Mornay, Sei-
    gneur du)   *III*,   70

Pleffis-Richelieu, (Armand-Jean du) Cardinal, *III*,   97

Porte, (Charles II de la) Duc de la Meil-
    leraye, Grand-Maître d'Artillerie,   *IV*,   23

Pouſſin, (Nicolas) Peintre, Tome *IV*, *page* 76
Preſtre, (Sébaſtien le) Seigneur de Vauban, *IV*, 90
Pucelle, (René) *V*, 8
Puget, (Pierre) Sculpteur, *V*, 37
Pyramide dreſſée devant la porte du Palais, *III*, 71

Q

Queſne, (Abraham, Marquis du) Tome *IV*, *page* 95
Queſnoy, (François) Sculpteur, *IV*, 44
Quinault, (Philippe) *V*, 18

R

Rabutin, (Roger de) Comte de Buſſy, *T. IV*, *page* 53
Rancé, (Armand-Jean Bouthillier de) Abbé
   de la Trape, *IV*, 75
Rembrandt, (Van-Ryn) Peintre, *IV*, 92
Retz, (Jean-François-Paul de Gondi, Car-
   dinal de) *IV*, 46
Ribier, (Guillaume) Conſeiller d'Etat, *III*, 94
Richelieu, (Armand-Jean du Pleſſis) Cardinal, *III*, 97
Robert le Friſon, Régent de Hollande, *V*, 49
Rochechouart, (Françoiſe Athenaïs de) Mar-
   quiſe de Monteſpan, *IV*, 78
Rochefoucault, (François VI, Duc de la) *IV*, 42
Rodolphe II, Empereur, *III*, 34
Rohan, (Marie de) épouſe de Claude de
   Lorraine, Duc de Chevreuſe, *IV*, 9
Rubens, (Pierre-Paul) Peintre, *IV*, 32

Ruyter, (Michel-Adrien)   Tome IV, page 79.
Ruzé, (Henri Coiffier *dit*) Marquis de Cinq-
    Mars,   IV,   29.

S

Saint-Bonnet, (Jean de) Seigneur de Toïras,
    Maréchal de France,   Tome IV, page 2
Sainte-Marthe, (Gaucher *ou* Scévole de)
    Président & Tréforier de France en la Gé-
    néralité de Poitiers,   IV,   7.
Sancy, (Nicolas de Harlay, Seigneur de) III,   55.
Scarron, (Paul)   V,   7.
Schomberg, (Frédéric-Armand, Comte de) IV,   65
Scoraille de Rouffille, (Marie-Angélique) Du-
    cheffe de Fontanges,   V,   3.
Séguier, (Pierre) Chancelier,   IV,   20
Servin, (Louis) Avocat Général,   III,   59.
Siége de Leide,   V,   88.
Sillery, (Nicolas-Brulart, Seigneur de) Chan-
    celier,   III,   75.
Sixte V, Pape, (Félix Peretti, Cardinal de
    Montalte)   III,   49.
Soanen, (Jean)   V,   22
Soiffons, (Charles de Bourbon, Comte de) III,   52
Spinofa, (Benoît)   IV,   97.
Stuart, (Marie) Reine d'Ecoffe & de France, III,   8
Stuart, (Marie) feconde du nom,   IV,   96.
Sully, (Maximilien de Béthune, Duc de)
    Grand-Maître de l'Artillerie,   III,   78

T

T

Tellier, (François - Michel le)   *Tome IV, page* 80
Temple, (Guillaume)   *IV,*   82
Teſſé, (René de Froulay, Comte de)   *IV,*   98
Théodoric I, Comte de Hollande,   *V,*   41
Théodoric II, Comte de Hollande,   *V,*   42
Théodoric III, Comte de Hollande,   *V,*   44
Théodoric IV, Comte de Hollande,   *V,*   45
Théodoric V, Comte de Hollande,   *V,*   47
Théodoric VI, Comte de Hollande,   *V,*   52
Théodoric VII, Comte de Hollande,   *V,*   54
Tilly, (Jean Tzerclaës, Comte de) Général
des Troupes de l'Empire,   *IV,*   4
Titien Vecelli, Peintre,   *III,*   40
Toiras, (Jean de Saint-Bonnet, Seigneur de)
Maréchal de France,   *IV,*   2
Touloufe, (le Comte de) Louis-Alexandre
de Bourbon, légitimé de France,   *V,*   28
Tour, (Henri de la) Vicomte de Turenne,
Maréchal de France,   *III,*   35
Tour, (Henri de la) Vicomte de Turenne,
Maréchal Général des Camps & Armées du
Roi,   *IV,*   21
Tour d'Auvergne, (Emmanuel-Théodofe de
la) Cardinal de Bouillon,   *IV,*   84
Tremblay, (François le Clerc du) célebre fous
le nom du *Pere Jofeph*, Maréchal de France,
& enfuite Capucin,   *IV,*   1

Tome V.   Q

Trémoille *ou* Trémouille, (Louis de la) Duc
  de Thouars, & Prince de Talmont, *Tome III, page* 41
Tromp, (Martin-Happertz) *IV,* 31
Turenne, (Henri de la Tour, Vicomte de)
  Maréchal de France, *III,* 35
Turenne, (Henri de la Tour, Vicomte de)
  Maréchal Général des Camps & Armées
  du Roi, *IV,* 21
Tycho-Brahé, Reſtaurateur de l'Aſtronomie, *III,* 76
Tzerclaës, (Jean) Comte de Tilly, Général
  des Troupes de l'Empire, *IV,* 4

V

Vair, (Guillaume du) Garde des Sceaux, *T. III, page* 67
Valette, (Bernard de la) de Nogaret, Duc
  d'Epernon, *IV,* 40
Valette, (Jean-Louis de la) *dit* Nogarèt, Duc
  d'Epernon, Amiral, *III,* 47
Valliere, (Louiſe-Françoiſe de la Baume-le-
  Blanc, Ducheſſe de la) *IV,* 66
Valois, (Charles de) Duc d'Angoulême, Co-
  lonel Général de la Cavalerie Légere de
  France, *III,* 77
Valois, (Louis-Emmanuel de) Comte d'Alais,
  Duc d'Angoulême, *IV,* 19
Valois, (Marguerite de) Reine de Navarre, *III,* 32
Vander - Does, (Jean) *V,* 89
Vander - Goes, (Adrien) Grand Penſionnaire
  de Hollande, *V,* 84

TABLE ALPHABÉTIQUE. 122

Vander - Goes, (Aert) Grand Penfionnaire de
  Hollande,   *Tome V, page* 74
Vandick, (Antoine) Peintre,   *IV,*   35
Varin, (Jean)   *IV,*   88
Vauban, (Sébaftien le Preftre de) *IV,*   90
Vayer, (François de la Mothe le) *IV,*   89
Vecelli, (Titien) Peintre,   *III,*   40
Vendôme, (François de) Duc de Beaufort, *IV,*   28
Vendôme, (Louis - Jofeph, Duc de) *V,*   31
Vermandois, (Louis de Bourbon, Comte de) *V,*   1
Verneuil, (Catherine - Henriette de Balzac
  d'Entragues, Marquife de) *III,*   73
Verfcure, (Henri) Peintre,   *V,*   24
Victor-Amédée, II du nom, Duc de Savoye, *V,*   13
Viglius de Zuichem, Préfident du Confeil privé
  des Pays-Bas,   *V,*   77
Vigne, (Anne de la)   *V,*   10
Villars, (André-Baptifte de Brancas, Seigneur
  de) Amiral,   *III,*   56
Villars, (Louis - Hector, Duc de) *V,*   26
Villeroi, (Nicolas de Neufville, Seigneur de) *III,*   51
Villiers, (Georges de) Duc de Buckingham, *III,*   98
Virginia di Vezzo, époufe de Simon Vouet, *IV,*   37
Vouet, (Simon) Peintre,   *IV,*   36

W

Weimar, (Bernard) Duc de Saxe,   *Tome IV, page* 17

Z

Zampieri, (Dominique) *ou* le Dominiquain,
   Peintre,   *Tome IV, page* 34

Fin de la Table.